$$T_c^{40}_4$$

DES

ATELIERS INSALUBRES.

PAR

M. PARIS.

PARIS,

IMPRIMERIE DE FÉLIX LOCQUIN,

RUE NOTRE-DAME-DES-VICTOIRES, N° 16.

——

1833.

AFFINAGE

PAR L'ACIDE SULFURIQUE.

Quatre opérations principales. Émission, 1° de l'acide vaporisé, il brûle les arbres ; 2° du gaz sulfureux (soufre exhalé de l'acide décomposé). Il se combine avec l'air et nuit à la végétation. *Expérience publique.* On supprime et l'on tronque et dénature les quatre opérations. L'acide dissout le cuivre à l'état tiède et même à froid. Pendant quatre heures on agit sur le cuivre en ne poussant l'acide qu'à une température peu élevée. Il y a alors émission faible du gaz sulfureux et d'un peu d'acide vaporisé. *Haute et grande cheminée divisée en trois corps avec cave au-dessous.* On dirige ces faibles gaz dans le premier corps que l'on ferme. Plus pesans que l'air, ils retombent dans la cave ; aucun ne parait à l'extérieur. On présente alors le tirage du second corps comme les attirant dans un

appareil sur l'eau duquel on dit que le gaz sulfureux se condense, quoiqu'il soit insoluble; mais ce
tirage n'est qu'un leurre. Les jours d'opérations
réelles, ces gaz sont abondans et successifs, lourds
et pesans; ce tirage est insuffisant pour les élever
et enlever de l'appareil. On les attire dans le troisième corps à l'usage du fourneau d'appel toujours
en feu. Cette cheminée est tenue à un état de
chaleur rouge cerise, son tirage est énorme. Les
propriétés voisines souffrent, et les arbres sont
brûlés; mais comme on ne veut pas en avouer la
cause, on dit que les propriétaires se brûlent eux-
mêmes pour en accuser l'atelier.

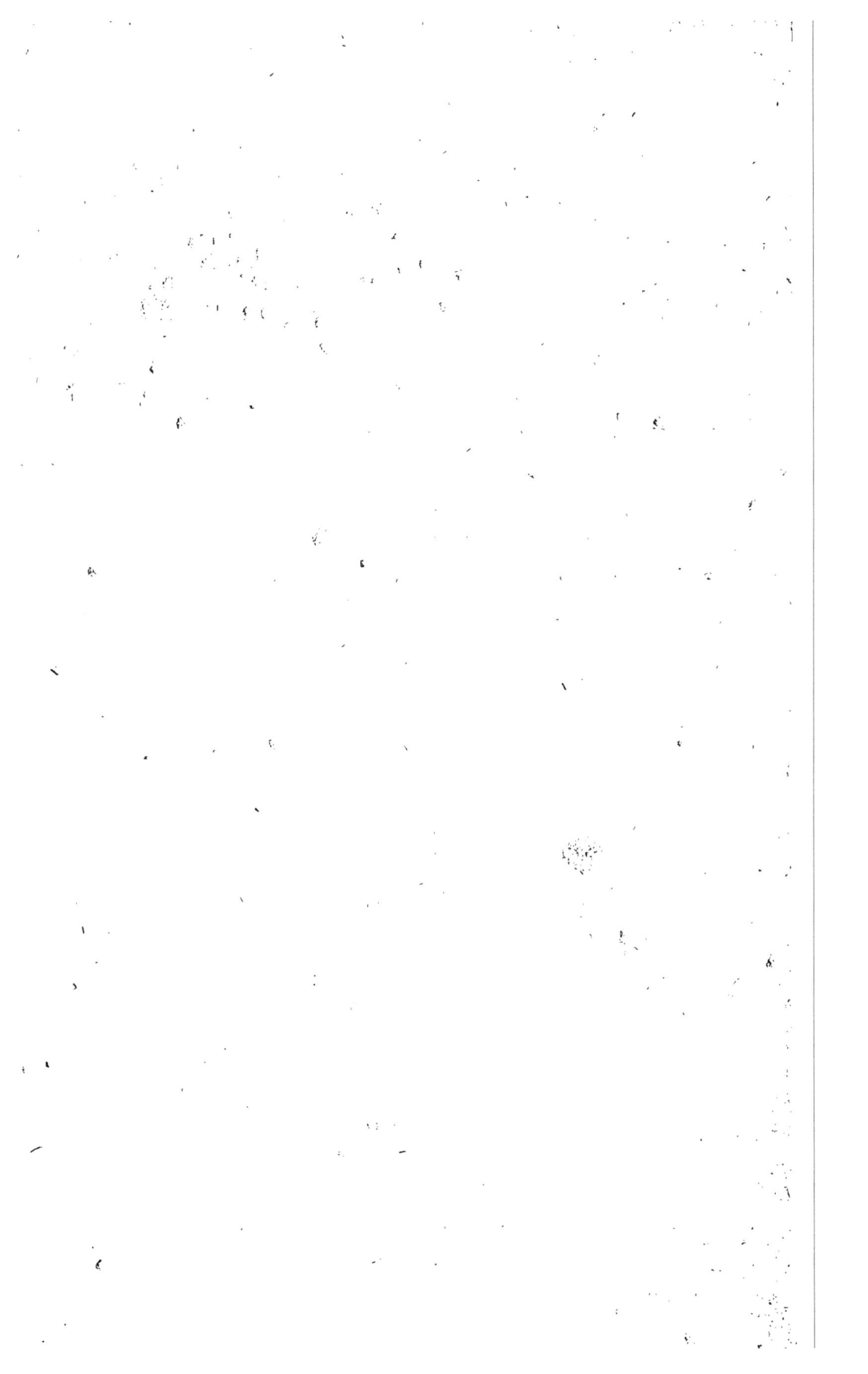

ATELIERS INSALUBRES.

On range dans la seconde ou troisième classe
ceux de la première, en leur imposant des
conditions inexécutables. — Appareils de
condensation. — Chimistes à larges consciences. -- Leurs rapports. -- Moyens qu'ils
emploient pour faire autoriser et rédimer
ces ateliers du dommage qu'ils causent.
— L'instruction publiée le 12 juin dernier par M. le Préfet de police n'est
qu'un leurre. — L'Administration exerce
l'arbitraire, en s'enveloppant des rapports
des Chimistes qu'elle fait mouvoir à volonté. — Loi violée. — Propriétés brûlées.

—

Par jugement sur appel du 28 février 1823, les
associés Lebel et Dᵉ Lyon-Allemand ont été con-
damnés à payer à Judith Graindorge une somme
de mille francs pour dommage causé à ses arbres

par les émanations de leur atelier d'affinage d'or
et d'argent par l'acide sulfurique. Ce dommage fut
constaté par les procès verbaux de MM. le maire
de Belleville et le juge de paix du canton de Pantin,
en date des 28 septembre, 5 et 14 octobre 1820.

La marche suivie par ces deux magistrats effraya
l'administration. D'un côté, elle se voyait obligée
d'exécuter la loi qui veut impérieusement que les
ateliers insalubres de première classe soient éloignés
des habitations; de l'autre, elle voulait les protéger.
En leur désignant une ou plusieurs communes où
ils pourraient seulement se fixer, elle craignait une
réunion trop forte d'ouvriers sur un même point.
Dans cette position, elle résolut, par une mesure se-
crète, d'enfreindre la loi qui régit ces ateliers, de les
maintenir près des propriétés, et d'établir ainsi sur
elles, au profit de l'industrie, une servitude affreuse
qui les infecte, les brûle et les déprécie.

Pour parvenir à ce but, il fallait établir que les
gaz émanés de ces ateliers étaient condensés, et
ne pouvaient causer aucun dommage aux propriétés
voisines. C'est alors que les chimistes, pour entrer
dans les vues secrètes de l'administration, au lieu
de persévérer dans le rapport primitif qu'ils avaient
fait, et dans lequel ils lui annonçaient qu'il n'y
avait aucun moyen de condenser la vapeur sulfureuse, changèrent de système, et dirent qu'elle se
condensait par son simple passage sur l'eau d'un

appareil créé à cet effet. Ce système est erroné. Ce gaz est *le soufre exhalé de l'acide décomposé*; il est insoluble. Aussi les chimistes, pour établir le contraire, donnèrent le change sur les opérations traitées par Lebel : ils tronquèrent les unes, supprimèrent les autres, et les dénaturèrent toutes. Il s'ensuivit des rapports qu'on ne put comprendre ni expliquer, et que la justice homologua par une suite de sa confiance dans les chimistes qu'elle avait nommés experts d'office, et qui en cette qualité avaient prêté serment entre ses mains.

Cependant il existait un fait matériel constaté par les procès-verbaux du maire et du juge de paix : les arbres de Graindorge étaient brûlés par les émanations de l'atelier. Comment le détruire ? Rien n'est impossible aux chimistes : ils dirent dans leurs rapports, tantôt que ces arbres étaient en pleine vigueur lorsqu'ils furent arrachés ou étronçonnés; tantôt que les propriétaires se brûlaient eux-mêmes pour en accuser la fabrique; et c'est alors qu'en ne décrivant l'appareil que d'une manière imparfaite, ils en dissimulent les effets. Il faut donc avant tout le faire connaître.

Deux fourneaux en face et à 100 pieds l'un de l'autre existent dans cet atelier. Sur le premier, appelé fourneau de départ, l'on exécute le départ, le 1000me d'or et la concentration de l'acide noir, dans dix pots de platine. Sur le second, nommé fourneau d'appel, l'on traite dans six creusets en grès placés au milieu des charbons, l'affinage, la fonte des métaux, et toutes les opérations qui précèdent ou accompagnent l'affinage.

Une grande cheminée haute de 60 pieds, sous laquelle est une cave, est à l'usage de ces fourneaux; son intérieur est divisé en trois corps. Le premier est toujours à froid; une ouverture est pratiquée dans la languette en briques séparant le deuxième d'avec le troisième, et ce dernier corps est à l'usage du fourneau d'appel : il est ainsi nommé, parce qu'étant toujours en feu, et l'intérieur de sa cheminée tenu à un état de chaleur rouge-cerise, son tirage est énorme, et sert à élever et à enlever les gaz, infiniment plus pesans que l'air, du fourneau de départ, pour les attirer dans l'intérieur de la cheminée. *Ces trois corps de cheminée et l'ouverture se ferment à volonté.*

Sur toute la longueur et largeur du fourneau de départ, il existe une caisse en plomb à moitié remplie d'eau. Elle est percée de 10 trous recevant les cornues des couvercles des pots de platine. Les gaz se rendent dans son intérieur. A son extrémité est la bouche d'un tuyau en plomb, sortant de l'atelier, y régnant extérieurement au niveau de terre, et y rentrant sous terre, pour se rendre dans la cave de la grande cheminée. Là, il se divise en deux branches, dont l'une dirige les gaz dans le premier corps de cheminée, et l'autre dans le troisième, soit par l'ouverture faite à la languette qui le sépare du second, soit en le faisant traverser le fourneau d'appel.

Fermez le premier corps et l'ouverture faite au second, et agissez sur le fourneau de départ de manière à ce que les gaz s'évaporent lentement et ne soient pas abondans : plus pesans que l'air, et ne s'élevant jamais d'eux-mêmes, ils passeront, par l'effet de leur pression sous le couvercle des pots de platine, dans la caisse et le tuyau, et de là dans le premier corps de cheminée, retomberont dans la cave, et s'attacheront aux parois de ses murs. Le tirage du second corps, qui alors est tenu à froid comme le premier, n'est pas assez fort pour les élever et enlever de la cave.

Les vapeurs sont-elles abondantes et se succèdent-elles avec rapidité, comme il est impossible de les retenir dans l'appareil, et qu'il faut en débarrasser l'atelier, ouvrez le tuyau qui donne dans la cheminée de tirage; vous les attirerez dans son intérieur; elles passeront dans l'atmosphère, et se répandront sur les propriétés voisines, en les infectant et brûlant.

Les jours d'expérience on fait usage du premier moyen ; aussi ne sent-on pas les vapeurs, et l'on dit qu'elles sont condensées sur l'eau de la caisse et du tuyau. Pour le démontrer, on fait au second corps de cheminée une ouverture extérieure , à laquelle on présente une chandelle allumée, dont la flamme, sans s'éteindre, est attirée dans son intérieur, et l'on en conclut que si les gaz n'étaient pas condensés intérieurement, ils seraient, par l'effet de ce tirage , attirés à l'extérieur, et qu'alors ils seraient sensibles à l'odorat.

Mais ce tirage , insuffisant pour les enlever de la cave, n'est établi que pour favoriser la fraude ; il ne peut remplacer celui signalé dans le rapport du 26 juin 1821. Il est tel, disent MM. Barruel et Laugier, qu'une chandelle allumée présentée aux interstices des portes latérales du fourneau de départ qui est à 100 pieds de la cheminée, s'est éteinte; et dans l'espèce la flamme de la chandelle est seulement attirée dans la cheminée sans s'éteindre.

Aussi la police, à laquelle nous demandâmes à plusieurs reprises copie de ce rapport, a-t-elle toujours refusé de la donner. Il établit, quoiqu'en disant, bien entendu, le contraire , que la condensation est une chimère : le tirage énorme et nécessaire de la cheminée d'appel est en opposition directe avec ce système. Au surplus, à défaut de ce rapport, on pourrait encore citer l'article *Affinage* du nouveau *Dictionnaire des arts*. Le fourneau d'appel et son tirage au moyen d'un tuyau pratiqué dans l'intérieur , y sont signalés comme étant les seuls moyens propres à élever les gaz pour les attirer dans la cheminée.

Des 4 opérations principales que l'on traite dans un atelier d'affinage, nous ne parlerons, pour abréger ce mémoire, que de l'affinage de l'or et de l'argent et du départ de ces métaux. Nous ferons ensuite connaître ce qu'ont fait les chimistes pour remplacer ces deux opérations , et supprimer les vapeurs abondantes qui en émanent.

L'or seul ne peut s'affiner ; l'acide sulfurique n'agit pas sur lui, et lorsque dans la matière il excède le quart, il garantit l'argent de l'action de l'acide. il faut donc pour l'affiner l'allier à 3/4 d'argent. L'essai fait connaître le titre de la matière , donne le moyen de l'inquarter (1/4 d'or et 3/4 d'argent), et par l'inquartation l'on affine à la fois l'or et l'argent.

Cette matière est mise dans un creuset en grès que l'on place au milieu des charbons. Lorsqu'elle est en fusion, on verse dans le creuset une portion d'acide chaud et affaibli à 36 ou 40°, pour dissoudre le cuivre sans attaquer l'argent. Ce dernier ne peut l'être que par l'acide concentré à 66°. Le cuivre en dissolution forme magma (*bouillie*) sur l'alliage, et le garantit de l'action de l'acide. On lève cet obstacle en remuant le bain avec une grande cuiller en fer, pour que l'acide pénètre toutes les parties de la fusion, oxide et dissoude le cuivre. Lorsque le bain est tranquille et le cuivre entièrement dissous, on retire le creuset du feu, on laisse refroidir , on le décante, et en le cassant on trouve au fond le culot d'or et d'argent. Cette opération se fait à vase ouvert, et les vapeurs sulfuriques et sulfureuses passent directement dans l'atmosphère par la cheminée d'appel.

Le culot d'or et d'argent est de nouveau fondu dans un creuset mis au milieu des charbons, et lorsque la matière est en fusion, on projette dans le creuset un peu de salpêtre pour la tenir en mouvement ; puis on la jette de haut dans un baquet rempli d'eau froide, au fond duquel est une passoire en cuivre, d'où on la retire en grenaille.

Cette grenaille est ensuite mise dans les pots de platine avec le triple d'acide sulfurique concentré qu'il y a d'argent. Cette quantité est nécessitée par la chaleur à laquelle il faut porter l'acide pour attaquer l'argent défendu par l'or; sa décomposition s'opère plus vivement, et la partie non décomposée, nécessaire pour dissoudre l'argent oxidé, est promptement épuisée. Au bout de deux heures, on retire les pots du feu, on laisse refroidir, et l'on décante les pots en versant la dissolution sulfurique dans un autre appareil. On renouvelle l'acide une et deux fois en agissant de même, et ce n'est qu'à la troisième reprise que l'argent est entièrement dissous, et que l'on trouve l'or en poudre au fond des pots de platine. Dans cette opération, où l'on emploie à la fois jusqu'à 450 kil. d'acide, les gaz sont abondans; et comme ils sont infiniment plus pesans que l'air, il faut les élever dans l'appareil pour les attirer dans la cheminée d'appel. On ne peut y parvenir qu'à l'aide de son énorme tirage.

Voici maintenant ce que l'on a fait pour remplacer ces opérations.

Le salpêtre se compose d'eau 18, potasse 49, acide nitrique 33. Cet acide n'est jamais concentré au-dessus de 36°. Mêlé avec les 67 d'eau et de potasse, il n'est plus qu'à 12, et n'est pas assez fort pour dissoudre le cuivre; il ne fait que le scorier en partie, et ne peut attaquer celle inhérente à l'argent, sur lequel il n'agit pas. Il agit encore moins lorsque la matière est inquartée, car le cuivre alors se trouve garanti par l'or et l'argent tout à la fois. Pour terminer l'affinage commencé par le salpêtre, l'on soumet la matière, par une seconde opération, à l'action de l'acide sulfurique, soit affaibli, soit concentré à 66°, en ayant soin de pousser l'acide concentré au-dessous de 86° de chaleur; car, à ce *degré* et au-dessus, il attaque le cuivre et l'argent : dans ce cas, l'on dissoudrait à la fois ces deux métaux, et alors il n'y aurait plus affinage de l'argent.

Les chimistes suppriment dans les expériences exécutées chez Lebel l'essai et l'inquartation pour n'être pas gênés par la présence de l'or, et n'opèrent plus que sur de l'argent sans or, allié à une partie de cuivre, qu'ils traitent par le salpêtre projeté de temps en temps et par portions; et comme ces portions sont toujours faibles (*autrement elles feraient sauter le creuset*), les vapeurs de l'acide nitrique à 12° sont insignifiantes et ne nuisent pas; mais comme le salpêtre scorie seulement une partie du cuivre, et qu'il faut terminer l'affinage de l'argent par l'acide sulfurique qui dissout le surplus, les chimistes font charger 10 pots de platine de 126 kil. de grenaille d'argent au titre de 958, avec le triple d'acide sulfurique qu'ils chauffent faiblement, et de manière à ne produire que le gaz sulfureux. Ils ne décomposent alors et ne dissolvent pendant 2 et 4 heures que 4 à 5 kil. d'acide et autant de cuivre. La vapeur est peu abondante: on la fait passer dans le premier corps de cheminée, que l'on ferme; elle se répand dans son intérieur, et retombe, comme plus pesante que l'air, dans la cave, où elle s'attache aux parois de ses murs et y séjourne. Ils présentent cette opération comme étant le départ de l'argent d'avec l'or, dans lequel ils font dissoudre les 126 kil. d'argent en décomposant, et, épuisant en 2 heures 378 kil. d'acide sulfurique concentré, disent qu'il n'y a qu'émission du gaz sulfureux, et qu'il s'est condensé sur l'eau de l'appareil. En agissant ainsi, ils suppriment à la fois l'affinage par l'acide sulfurique, le départ de l'or et de l'argent, et les vapeurs abondantes qui émanent de ces opérations.

L'administration alors feignit de croire à la véra-

cité des expériences frauduleuses et des calomnies
dont les rapports des chimistes étaient infectés; et
pour avoir l'air de se conformer aux disposi-
tions de la loi, et faire respecter la propriété contre
l'usurpation de l'industrie, qu'elle protégeait sous
main, elle autorise, par son arrêté du 23 juillet
1821, l'atelier, en lui imposant trois conditions dont
aucune n'est exécutable.

1°. Lebel devra affiner les métaux par le salpêtre
projeté de temps en temps et par portions.

On voit qu'il faut faire deux opérations : l'une
par le salpêtre, qui coûte 175 fr. les 100 kil., et
l'autre par l'acide sulfurique, qui n'en vaut que 25,
et qu'en traitant par cet acide on n'en fait qu'une.
Aussi Lebel, dans un procès-verbal du 13 septembre 1820, dressé par Leclercq, adjoint du maire,
déclare qu'il n'emploie dans l'affinage que l'acide
sulfurique; et la nomenclature annexée à l'ordon-
nance royale de 1825, sur les ateliers insalubres,
porte : affinage de l'or et de l'argent par l'acide
sulfurique.

2°. Il exécutera le départ sur 12 kil. de matière
inquartée avec 27 d'acide sulfurique.

Dans son rapport du 10 avril 1827, imprimé et
publié, le Conseil de salubrité dit que l'on affine
maintenant le kilogramme d'or à raison de 2 fr.
68 cent., et l'argent pour rien, en abandonnant le

cuivre qu'il contient. Le seul départ de la matière inquartée dure 12 heures. L'affineur recevrait 8 fr. 4 cent. pour les 3 kil. d'or, à peine s'il aurait de quoi payer deux ouvriers ; il serait bientôt ruiné. Aussi a-t-on trouvé chez Lebel, en 1827 et 1828, 10 pots hauts de 10, 14 et 18 pouces, qui annoncent qu'il travaille sur des masses (200 *kil. de matière et* 450 *d'acide*).

3°. Et enfin il entretiendra son condensateur d'eau suffisante pour condenser le gaz sulfureux.

Ce gaz *est le soufre exhalé de l'acide;* il est insoluble; et le Conseil de salubrité, dans ses rapports des 28 avril 1820 et 28 février suivant, déclare qu'il n'y a aucun moyen de condenser cette vapeur. Le 12 mars 1821, le préfet de police prend un arrêté, confirmé par arrêt du Conseil-d'État du 19 mars 1823, qui, sur ce motif, ordonne la fermeture de l'atelier d'affinage de la rue Chapon. Ces faits sont rapportés dans les pétitions publiées en 1825 et 1827 par les propriétaires voisins de cet atelier. Il en résulte que la troisième condition est inexécutable. Par l'art. 2 de l'arrêté qui autorise, l'atelier de Lebel est bien mis sous la surveillance du maire; mais par une lettre confidentielle à lui adressée par le préfet de police, on dit à ce magistrat : Les chimistes ayant assuré que le gaz sulfureux se condensait sur l'eau, et que Lebel était forcé de le faire passer sur celle de son appareil, votre surveillance devra se borner à voir si cet appareil en est suffisamment garni pour le condenser. La surveillance du maire est alors illusoire : l'administration ne l'ignore pas, et son arrêté n'est plus qu'une autorisation arbitraire de brûler et infecter les propriétaires voisins.

Cependant, en 1825, ceux de l'atelier de Lebel font constater et estimer le dommage causé par les vapeurs ; ils en adressent les procès-verbaux à l'administration, avec prière de faire fermer l'atelier, attendu qu'il ne pouvait remplir les conditions à lui imposées, et de leur faire donner copie des rapports sur lesquels l'autorisation avait été accordée, car on la leur avait toujours refusée.

Le magistrat de police répond, 1° le 2 septembre, que les rapports sont faits pour éclairer sa religion, et que l'administration n'est pas dans l'usage d'en donner connaissance aux parties. (*Elle est dans l'usage, d'après cela, de juger sans les entendre.*) 2° Le 14 décembre suivant, que tout est jugé par l'arrêté qui autorise, et que si l'atelier cause du dommage, les tribunaux seuls sont compétens pour en connaître.

Pendant le cours des poursuites que nous exercions contre Lebel, d'après cette lettre, nous reçûmes, de la part de l'administration, le 26 mai 1826, la visite d'une commission du Conseil de salubrité. Elle venait de sa part, nous dit-elle, pour vérifier les plaintes portées contre l'atelier en août et décembre précédens. C'était s'y prendre un peu tard : mais le 19 juillet suivant, nous reconnûmes le motif de cette visite.

Ce jour, on plaida devant la Cour de cassation le pourvoi de Lebel contre le jugement du 28 février 1823, qui le condamnait à payer à Judith Graindorge mille francs pour dommages causés par ses gaz. Il prétendait que l'atelier étant autorisé par l'administration, elle seule devait connaître du dommage, et, dans le cours de la plaidoirie, son avocat donna lecture du rapport des chimistes sur la visite du 26 mai précédent. Nos arbres, d'après ce rapport, étaient dans un état de végétation superbe. Il en résultait, comme en 1821, que les experts et le suppléant du juge de paix, qui avaient constaté le contraire, étaient des fripons et des faussaires. Cette marotte ne put réussir : la Cour suprême rejeta le pourvoi.

L'administration fut mécontente de cet arrêt ; elle craignit pour le sort de sa mesure arbitraire ; et comme elle y tenait fortement, douze jours après, revenant contre sa décision du 14 décembre, elle prit, le 2 août, un arrêté de conflit sur l'instance pendante entre Lebel et nous, en prétendant, comme lui, qu'ayant autorisé l'atelier, elle seule devait connaître du dommage qu'il pouvait causer. Il en fut autrement ordonné : l'arrêté de conflit fut

déclaré nul, et l'affaire renvoyée devant les tribunaux par arrêt du Conseil-d'État du mois de
décembre suivant.

C'est en cet état que nous eûmes successivement
connaissance des pétitions publiées contre l'atelier
de la rue Chapon, et de l'arrêt du Conseil-d'État
de 1823, qui en ordonnait la fermeture, attendu
qu'il n'y avait aucun moyen de condenser le gaz
sulfureux. Nous réclamâmes plus que jamais alors
celle de l'atelier de Lebel. Le système de l'administration se trouvant ainsi dévoilé, elle eut recours
à M. D'Arcet, l'un de nos premiers chimistes et
président du Conseil de salubrité.

Ce savant sentit bien que le tirage du 3me corps,
dans lequel on faisait passer le tuyau pour attirer
le gaz dans son intérieur, était en opposition directe avec leur condensation, et qu'on ne pouvait
plus soutenir que le gaz sulfureux se condensât sur
l'eau, puisqu'on avait reconnu et publié partout
qu'il était insoluble. Il commence, dans son rapport
du 10 avril 1827, adopté par le Conseil de salubrité, par reconnaître ce qu'on avait affecté de
méconnaître jusqu'alors, que l'acide, dans l'affinage, produit deux gaz. L'un *est l'acide même
mis à l'état de vapeur;* l'autre est le *gaz sulfureux* provenant de l'acide décomposé en agissant
sur les métaux. Il rend compte ensuite d'un appareil dont il se dit l'auteur, et qui ressemble beaucoup à celui décrit plus haut.

Son fourneau de départ est percé de 5 trous au lieu de 10. Les pots de platine, la grande cheminée, l'ouverture faite à la languette, séparant le 2me d'avec le 3me corps et la cave, sont les mêmes : au lieu d'une caisse de plomb, il en établit trois, à la suite desquelles l'on trouve un tambour et un tuyau dirigeant les gaz dans la cheminée d'appel, en passant par l'ouverture du second corps; puis il dit que l'acide vaporisé se condense sur l'eau de ces trois caisses, d'où s'échappe le gaz sulfureux, pour se rendre dans le tambour, où se trouve de la chaux éteinte, toujours tenue en mouvement par un moulin à battes tournant sur son axe, et sur le nuage de laquelle elle s'absorbe.

Comment ces gaz parviennent-ils dans les trois caisses et le tambour? Est-ce par l'effet de la pression ou du tirage de la cheminée d'appel? M. D'Arcet ne s'explique pas à cet égard. Cependant, dans le premier cas, il faut fermer le second corps de cheminée, l'ouverture donnant dans le troisième, et produire peu de vapeurs, afin qu'elles s'évaporent lentement, n'excèdent jamais ce que les caisses et le tambour peuvent en contenir, et qu'elles aient le temps de se condenser et s'absorber. Est-ce au contraire par le tirage de cette cheminée? La condensation n'a plus lieu, car ils sont enlevés dans l'atmosphère avec la poussière de chaux aussitôt que produits par l'effet de ce tirage; et alors les propriétaires voisins, au lieu de n'être brûlés que par les gaz, le sont encore par une pluie de chaux : le remède est pire que le mal. Que M. D'Arcet choisisse entre ces deux positions celle qu'il voudra. S'il adopte la première, nous n'aurons pas à nous plaindre ; mais son fabricant n'exécutera aucune des opérations de son art. S'il choisit la dernière, il les fera toutes, mais nous serons infectés et brûlés.

M. D'Arcet ne l'ignorait pas ; aussi, tout en faisant un rapport sur l'art de l'affinage, il se garde bien de décrire aucune des opérations qui le constituent. Il a voulu laisser à des chimistes moins en réputation que lui le moyen de supprimer une partie de ces opérations, et d'en tronquer et dénaturer les autres pour établir la condensation. M. Robiquet a assumé sur sa tête les iniquités résultantes de ce système. Jamais bouc d'Israël ne fut chargé de plus de crimes. Je ne dirai pas qu'il le fit gratuitement, car il nous en a coûté 10,000 fr. de frais pour voir Lebel autorisé à nous brûler, et sur cette somme, M. Robiquet a perçu celle de 2,200 fr. pour ses honoraires à un rapport chef-d'œuvre d'obscurité, d'absurdité et de contradiction. Nous les lui redemandons en justice, comme le fruit du dol, de la fraude et du faux qui ne peuvent profiter à leur auteur. Nous ne sommes pas, au surplus, ses seules victimes ; il en

a fait autant à l'égard des propriétaires de la rue Chapon. Il n'accepte l'expertise que pour se jouer de la justice, et trahir la confiance des magistrats qui l'ont nommé. MM. Gay - Lussac , Vauquelin , Thénard et autres , ont préféré donner leur démission , plutôt que de prêter un serment qui ne pouvait pas cadrer avec les vœux secrets de l'administration.

M. D'Arcet , dans son rapport , annonce bien que l'affinage a fait des progrès immenses ; mais il ne dit pas quels sont ces progrès , et cela toujours dans la crainte de faire connaître que ces ateliers sont d'un danger éminent pour les propriétés voisines.

L'affinage se traitait autrefois par l'acide nitrique, le plus riche en oxigène de tous les oxides composés. On en employait moins , mais il coûte 165 fr. les 100 kil. Aujourd'hui on le traite par l'acide sulfurique , on en décompose six fois plus , ce qui rend ces ateliers plus dangereux qu'ils ne l'étaient avant : mais cet acide ne coûte que 25 fr. les 100 kil., et, par la concentration de l'acide noir qui a déjà servi, on en récupère la majeure partie, dont on se sert de nouveau. Aussi , dit M. D'Arcet , un arrêté du gouvernement, avant cette découverte, accordait aux directeurs des monnaies 21 fr. pour l'affinage de chaque kil. d'or, et depuis 4 fr. 10 c. jusqu'à 14 fr. pour l'argent : aujourd'hui l'or ne coûte plus que 2 fr. 68 c., et l'on affine l'argent pour rien , en abandonnant, à l'affineur, le cuivre , et lorsqu'il en contient beaucoup, il rend même 75 c. par kil.

Le gouvernement jouit de cette baisse dans le prix de l'affinage : il a donc intérêt de maintenir et multiplier ces ateliers , et, au lieu d'indemniser les propriétaires voisins du tort qu'ils éprouvent par la présence de ces ateliers , sur les fonds mis à sa disposition pour l'encouragement des arts et manufactures , l'administration emploie son influence et l'immoralité des chimistes , pour les rédimer et se rédimer elle-même du dommage qu'ils font éprouver.

Lebel , qui se sent soutenu , et sait bien que ce système de condensation ne vaut pas mieux que le sien, se garde bien d'établir chez lui l'appareil de M. D'Arcet, car c'eût été convenir que, depuis 1820, il nous infectait et nous brûlait. Il persiste, au contraire, en 1827 et 1828, à dire qu'il condense les gaz par leur simple passage sur l'eau de son condensateur, et chose *inouïe* et que l'on aurait peine à croire, si elle n'était pas écrite dans des rapports authentiques, il a trouvé quatre experts assermentés en justice , MM. Robiquet et Dumas , professeurs de chimie , Parent , médecin , membre du Conseil de salubrité, et Bertier , inspecteur à l'école royale des mines , assez pervers pour affirmer, en présence du rapport du 16 avril, que le gaz sulfureux se condensait sur l'eau. L'un, M. Parent, est signataire de ce rapport qui établit le contraire; et l'autre, M. Robiquet, est auteur de l'article *Affinage* du nouveau *Dictionnaire des Arts*, où il dit, comme M. D'Arcet, que le gaz sulfureux ne peut s'absorber que sur de la craie concassée. Que l'on juge d'après cela de la moralité de ces messieurs! Le Code pénal prononce la peine des galères contre les faussaires.

Mais revenons aux expériences de 1827 et 1828. Dans la première, faite en présence du juge de paix, nous dîmes aux chimistes : Dans leur rapport de 1821, les experts ont dit que Lebel affinait les métaux par le salpêtre, dont il faisait une consommation considérable ; dans celui du 10 avril, M. D'Arcet dit qu'au lieu de 21 francs que coûtait au gouvernement l'affinage de chaque kil. d'or, il ne paye plus aujourd'hui que 2 fr. 68 c., et que l'on affine l'argent pour rien, en abandonnant le cuivre qu'il contient, au lieu de payer depuis 4 fr. 10 c. jusqu'à 14 fr. par chaque kil., suivant que l'argent contenait plus ou moins de cuivre à dissoudre. L'apurement des métaux n'est que la première des opérations de l'affinage. Le salpêtre coûte 175 fr. les 100 kil., et il n'entre dans sa composition que 33 d'acide nitrique, qui seuls peuvent scorier en partie le cuivre : il serait plus économique d'employer l'acide nitrique lui-même, qui ne coûte que

165 fr. Comment alors concilier cette diminution énorme dans le prix de l'affinage avec la consommation considérable que l'on fait du salpêtre ? cela est impossible, on nous trompe.

C'est par l'acide sulfurique, nous dirent alors ces experts, que l'on affine les métaux, et les voilà qu'ils font charger 8 pots de platine de 80 kil. de grenaille d'argent sans or, au titre de 960 et un 9ᵉ de 17 kil. de matière au titre de 826 avec un 24/1000ᵉ d'or, en y joignant le double ou le triple d'acide qu'il y avait d'argent. Au bout de 2 heures, ils font retirer du feu 4 de ces pots, 2 heures après les 4 autres, et ils constatent que l'argent était entièrement fondu. Quant au 9ᵉ, ils disent qu'il n'avait fait aucun progrès, et cependant il était resté 4 heures consécutives au feu. Mais quel était l'état de ce feu ? Le juge de paix l'a constaté par son jugement du 20 juillet. Lebel avait constamment laissé les portes de ses foyers ouvertes pour empêcher son activité. Aucune vapeur extérieure ni intérieure ne s'était fait sentir, et les chimistes annoncèrent que l'expérience étant terminée, ils allaient faire leur rapport. C'est alors que nous dîmes : Il ne suffit pas d'affiner l'argent, il faut encore affiner l'or, en inquartant la matière, et procéder ensuite au départ des deux métaux. Cela est parfaitement inutile, dirent-ils ; l'objet du départ est de faire dissoudre l'argent pour le séparer de l'or ; nous avons fait

dissoudre l'argent , le but est rempli. Nous igno-
rons , répliquâmes-nous , si l'argent fut ou non
fondu , ainsi que vous l'avez avancé; mais votre 9ᵉ.
pot n'ayant fait aucun progrès. indique suffisamment qu'il existe une cause qui vous empêche d'o-
pérer sur la matière inquartée, et nous demandons
la nullité de l'expérience comme entachée de dol et
de fraude. Elle fut prononcée par le jugement du
20 juillet.

Sur l'appel de Lebel , le tribunal de la Seine ordonne une nouvelle expérience par les experts Robiquet et consorts; et comme il ne nomme pas de
juge pour y être présent , nous fûmes livrés à la
discrétion de ces messieurs. Ils reprirent les erre-
mens de 1821 , dirent que l'affinage, qu'ils dési-
gnèrent sous le nom de poussée, se traitait par le
salpêtre, et pour remplacer le départ ils firent
charger les 10 pots de platine de 126 kil. de matière qui se composait , suivant eux , de :

$$\left.\begin{array}{lr}\text{Argent.} & 9{,}434 \\ \text{Or} & 146 \\ \text{Cuivre.} & 420\end{array}\right\} \; 10{,}000$$

D'où résulte que son titre était à 957.
Impossible de deviner comment la matière était
à 957 fr., si l'on ignore que l'usage du commerce est
de la diviser en 1000ᵐᵉ partie pour en annoncer le
titre, et si l'on ne prend garde qu'ici ces experts la

divisent en 10,000^{me}, pour augmenter le chiffre de l'or, mais en séparant le dernier chiffre de chaque nombre, l'on trouve que cette matière se composait de :

Argent. . .	9,43 4/10me	
Or.	14 6/10me	} 1,000
Cuivre. . . .	42 0	

D'où résulte, en supprimant les 42 de cuivre, que son titre était à 9,58.

Ils agissent ensuite comme en 1827 ; au bout de 2 heures ils font retirer du feu cinq de ces pots, et 2 heures après, les cinq autres; et comme ils ne sont surveillés par aucun magistrat, ils se livrent à la fraude la plus dégoûtante, et disent que le feu fut vif et soutenu, l'acide toujours tenu à l'état d'ébullition et l'argent entièrement fondu.

Ici la fraude se montre à nu. Si l'argent fut entièrement fondu, leur dit-on, on a dû trouver au fond des pots de platine un kil. 789/1000me d'or, représentant, sur 126 kil. de matière, les 14/1000me 6/10me d'or que vous avez dit qu'elle contenait. Votre rapport établit qu'il ne s'en est pas trouvé vestige : donc elle n'en contenait pas plus que celle de 1827, et, par suite des renseignemens que depuis nous avons acquis sur l'affinage, l'acide sulfurique, et ses effets sur les métaux, on explique facilement ce qu'ont fait les chimistes en 1827 et 1828.

Le cuivre est beaucoup plus malléable que l'argent ; l'acide le dissout à l'état tiède et même à froid , tandis qu'il n'attaque l'argent qu'à 86° de chaleur et au-dessus ; et lorsque cet argent est allié à l'or dans une proportion au-dessus seulement de 2/1000me , il faut pousser l'acide à une température encore plus élevée , car alors l'or le garantit de l'action de l'acide. Les chimistes ont agi sur de l'argent sans or par un feu très-modéré, ainsi que le juge de paix l'a constaté , parce qu'au lieu de dissoudre 80 ou 126 kil. d'argent , ils n'ont réellement dissous , en 2 et 4 heures que 4 à 5 kil. de cuivre que l'argent recélait encore , et décomposé autant d'acide. Les vapeurs ne furent pas abondantes ; on les fit passer dans le premier corps de cheminée ; elles retombèrent dans la cave et y séjournèrent : de là pas de vapeurs extérieures ni intérieures. Comme on ignorait entièrement ce moyen, et qu'on ne pouvait expliquer l'usage de la cave et de la cheminée divisée en trois corps , les chimistes ont pu facilement dire que dans cette opération il n'y avait qu'émision du gaz sulfureux, et qu'il se condensait sur l'eau de l'appareil.

Cette fraude s'établit, 1° par la matière elle-même. On ne peut dissoudre l'argent sans dissoudre le cuivre, et alors on ne fait rien , puisqu'en résultat on retrouve l'argent allié au cuivre ; tandis qu'en dissolvant seulement le cuivre, l'argent est affiné. 2° Par l'art. *Affinage* de M. Robiquet : ce n'est qu'au *bout de* 15 *heures*, dit-il, que l'argent contenant un 1,000^{me} d'or est entièrement attaqué. 3° Par les déclarations de trois ouvriers de Lebel: dans le 1,000^{me} d'or, disent-ils, l'on met le double d'acide qu'il y a d'argent ; on le pousse à une température fort élevée, en chargeant les fourneaux à plein ; au bout de 2 heures, on retire les pots du feu, on les décante et on renouvelle l'acide en agissant de même. L'opération dure cinq heures. (*Les chimistes ne l'ont pas exécutée.*) Comment alors oser dire qu'au bout de deux heures l'argent était fondu, quand l'acide ne fut pas même renouvelé ? Ils ont, au bout de deux heures, retiré du feu la moitié des pots, parceque les vapeurs, quoique peu abondantes, s'accumulaient dans la cave et le premier corps de cheminée, et qu'elles auraient fini par refluer dans l'atelier.

Je fais grâce à ces Messieurs de leur escobarderie dans la concentration de l'acide noir. Pour l'apurer et le rendre blanc, il faut le décomposer en le poussant à l'ébullition, où il n'entre, lorsqu'il est seul et sans métaux, qu'à 286° de chaleur et au-dessus. Ces Messieurs ont introduit dans cet acide de l'alliage d'argent pour n'en dissoudre que le cuivre et produire peu de vapeurs, en ne poussant l'acide qu'à une température peu élevée.

Il n'en sera pas de même du moyen qu'ils ont employé pour convaincre les agronomes, leurs co-experts, que les gaz étaient condensés sur l'eau de l'appareil, et que l'atelier ne pouvait nuire. Avant l'expérience, ils ont fait remplir deux bouteilles d'eau prise dans la caisse et le tuyau, et deux autres après l'expérience. Le tout a été scellé et remis à l'un d'eux. Au bout de six mois, dans la réunion générale des experts, hors la présence des parties, on débouche ces bouteilles, et l'on trouve que l'eau des deux premières était pure, et celle des deux autres saturée de gaz, d'où l'on conclut que, n'ayant senti aucune vapeur pendant l'expérience, les gaz étaient condensés sur l'eau.

Ce tour s'explique aujourd'hui par la fermeture de la cheminée où ils étaient dirigés, ce qui leur a donné le moyen de s'écouler lentement. N'étant pas élevés dans l'appareil par l'effet du tirage de la cheminée d'appel, ils ont léché l'eau, qui a fini par se saturer de l'acide vaporisé qui a beaucoup d'attraction sur elle ; mais si le tirage eût eu lieu, les gaz se trouvaient élevés et enlevés de l'appareil sans pouvoir en lécher l'eau, et alors elle n'en eût pas été saturée.

Dans toutes ces jongleries les agronomes n'ont vu que du feu ; et comme ils ne pouvaient pas dire que l'atelier nuisait à la végétation , puisqu'on leur démontrait qu'aucune vapeur n'en sortait , tout en constatant que sur les propriétés il existait *des arbres morts , d'autres dont les branches étaient desséchées , et un plus grand nombre qui ne poussaient plus que des feuilles jaunâtres ou d'un vert grisâtre* , ce qui annonçait un état de souffrance et de maladie , ils ont dit que cet état était naturel. (*MM. Turner et Davy , deux professeurs de chimie les plus renommés de l'Angleterre , disent le contraire dans un rapport de* 1827 *inséré dans le n°.* 30 *de la* Revue Britannique. *Ils attribuent cet état au gaz sulfureux , et disent que ce gaz est délétère , qu'il se combine avec l'air dans la proportion la plus petite , et qu'à un* 10,000^{me} *il nuit à la végétation , quoiqu'alors il soit insensible à l'odorat.*

C'est après avoir employé de pareils moyens pour autoriser et rédimer ensuite l'atelier du dommage qu'il cause, que, le 12 juin dernier, l'administration fait publier dans les journaux une instruction sur les ateliers insalubres, dans laquelle elle leur enjoint d'exécuter les conditions sous lesquelles ils sont autorisés. Cette instruction n'est qu'une plaisanterie ; car la première chose à faire est de n'accorder d'autorisation qu'autant qu'elles sont exécutables, et de révoquer celles qui ne le sont pas, en faisant fermer les ateliers.

Dès le 29 du même mois, j'ai adressé à MM. les ministre de l'intérieur, préfets de la Seine, de police et sous-préfet de Saint-Denis, ma réclamation à cet égard, en démontrant que l'atelier de Lebel ne pouvait pas remplir les conditions à lui imposées. Pas un de ces messieurs n'a daigné me répondre : l'instruction publiée n'est donc qu'un véritable leurre qui n'améliore pas la propriété. Sous le manteau de ses chimistes qu'elle fait mouvoir à volonté, et dont les larges consciences se prêtent à ses vues, l'administration n'en conserve pas moins le droit de vie et de mort sur la propriété ; et cet état ne changera qu'autant qu'une loi lui enlevera l'arbitraire qu'elle exerce en faveur de l'industrie. La propriété en est tellement grevée, que depuis dix ans nous offrons les nôtres à Lebel pour le prix de l'estimation, et qu'il nous répond que, ne pouvant les vendre qu'à lui seul, il les aura pour le prix qu'il voudra bien en donner, quand nous serons las d'être infectés et brûlés par ses émanations.

PARIS,

Membre du Conseil municipal de la commune de Belleville.

Ce 25 juillet 1833.

IMPRIMERIE DE FÉLIX LOCQUIN,
RUE NOTRE-DAME-DES-VICTOIRES, N° 16.

COPIE

D'UNE REQUÉTE PRÉSENTÉE
A L'AUTORITÉ JUDICIAIRE.

A M. LE JUGE DE PAIX DU CANTON DE PANTIN.

FRANÇOIS-MARIE PARIS, etc.

Tous propriétaires de maisons, terres et bâtimens sis à Ménilmontant, parc St.-Fargeau,

Ont l'honneur de vous exposer ce qui suit :

L'affinage de l'or et de l'argent, le départ de ces métaux, et les opérations qui y sont inhérentes, se traitent par l'acide sulfurique. De cet acide il émane deux gaz: l'un est l'acide lui-même ; l'autre, le gaz acide sulfureux, est le soufre exhalé de l'acide décomposé en agissant sur les métaux.

Le premier, surtout dans les temps humides, s'attache aux arbres, en corrode l'écorce, en commençant par les branches les plus tendres, les dessèche, et finit à la longue par les faire périr, quelque robustes qu'ils soient. Le second est délétère ; il se combine à l'air dans la proportion la plus petite; il nuit à la végétation, en ce sens, que l'arbre, au lieu de respirer un air frais et humide, nécessaire

4

au développement de sa sève, ne respire plus qu'un air soufré et chaud, qui l'arrête et l'empêche de croître et se fortifier.

On doit donc trouver sur les propriétés étant sous l'influence de ces gaz, des arbres dont les branches sont en partie desséchées, d'autres qui, taillés tous les ans, ne poussent plus que des feuilles jaunâtres et d'un vert grisâtre, l'écorce en étant en partie attaquée ; ceux-ci morts, et ceux-là qui ne présentent plus qu'une mauvaise végétation, à cause de l'air chaud et aride qu'ils respirent, et qui se trouve combiné avec le soufre.

Le fabricant, qui n'ignore pas cet effet, a soin, chez lui, de supprimer les branches desséchées et, lorsque l'arbre est trop attaqué, de le remplacer par un autre déjà fort, et portant fruit la première année. Ces arbres coûtent douze francs, ils durent contre l'intensité des gaz, de trois à cinq ans. Les jeunes arbres ne peuvent y résister ; s'ils ne périssent pas par des coups d'acide vaporisé, ils deviennent grêles et sans force par l'effet du gaz sulfureux ; en sorte qu'il est vrai de dire que du moment où les arbres forts et robustes ont péri, il est impossible de les remplacer par de jeunes, et que le moyen employé par le fabricant n'a d'autre but que de cacher cette triste vérité.

Outre cet inconvénient pour les arbres, il en existe un autre pour les autres produits de la terre.

Les fumées de charbon de terre que l'on emploie dans ces ateliers, en noircissent les fruits et légumes, ce qui en diminue la valeur lors de leurs ventes.

Dans leurs rapports sur l'atelier de la rue Chapon, des 28 avril 1820 et 28 février suivant, les chimistes déclarent à l'administration qu'il n'y a aucun moyen de condenser la vapeur sulfureuse. Dans leur rapport de juin 1821, sur l'atelier de Ménilmontant, ils se rétractent en faveur de Lebel, et disent que dans les opérations d'affinage, il n'y a qu'émission du gaz sulfureux. Ce fabricant le condense sur l'eau d'un condensateur, dans lequel il est attiré par l'effet du tirage énorme de la cheminée du fourneau d'appel. Mais à la fin de 1822, huit professeurs de chimie publient le nouveau *Dictionnaire des arts*, et dans l'article *Affinage*, ils rétablissent la présence des deux gaz, en disant qu'ils pensent qu'en les faisant passer dans un refrigérant en plomb, l'acide vaporisé pourra se condenser sur l'eau, et qu'il s'en échappera le gaz sulfureux, que l'on pourra absorber sur de la craie légèrement humectée, contenue dans des tonneaux.

En 1827, M. D'Arcet, dans son rapport du 10 avril sur l'affinage, est obligé de revenir contre ce qu'il avait dit dans celui de 1821. Il avoue la présence des deux gaz, en indiquant, pour condenser l'un, l'eau, et pour absorber l'autre, la chaux en poussière est toujours tenue en mouvement par l'effet d'un moulin à battes.

Cependant en 1828, dans une nouvelle expérience faite chez Lebel, les chimistes Robiquet et consorts reviennent au système de 1821, en disant qu'il y a émission du seul gaz sulfureux, et que ce fabricant le condense en lui faisant lécher l'eau d'une caisse de plomb.

Quel motif secret peut ainsi mettre les chimistes en contradiction entre ce qu'ils impriment comme auteurs, et ce qu'ils disent comme experts ? C'est que pour exécuter l'affinage et ses opérations ultérieures, il faut pousser l'acide à une température élevée, et qu'alors il y a émission forcée des deux gaz. Les chimistes, comme auteurs, ne peuvent s'empêcher de le reconnaître ; mais, voulant, comme experts, favoriser l'atelier, ils tronquent ces opérations, ne poussent l'acide qu'à l'état de simple chaleur, n'en exécutent aucune, et ne produisent réellement que le gaz sulfureux qui, étant peu abondant, est à volonté ou retenu dans la cave de la grande cheminée, ou combiné avec l'air atmosphérique, de manière à n'être plus sensible à l'odorat. Ce gaz alors nuit seulement à la végétation ; mais on ne peut s'en apercevoir qu'après plusieurs années. Lorsqu'au contraire il y a émission des deux gaz, non-seulement la végétation souffre, mais encore les arbres sont attaqués, desséchés, brûlés, et finissent par périr.

Cette explication donne la clef des rapports de 1821 et 1828. En 1820, MM. le maire et le juge de paix, assistés d'agronomes, constatent que certains arbres sont brûlés chez Graindorge par les gaz de l'atelier. En 1821 les chimistes suppriment l'acide vaporisé, disent qu'il y a seulement émission du gaz sulfureux, et que si les arbres sont brûlés, ils le sont par les propriétaires eux-mêmes, dans le dessein d'en accuser l'atelier. Ils renouvellent, en 1828, ce moyen de fraude avec plus de succès, car leur rapport fut homologué en justice, tandis qu'elle n'eut aucun égard à celui de 1821, et qu'elle condamna Lebel à payer mille francs pour le prix des arbres brûlés par le gaz.

Nous n'avons pas besoin, M. le juge de paix, de vous établir ici que le système de condensation des gaz n'est qu'une chimère; elle est impossible; ce tirage énorme et nécessaire de la cheminée d'appel, dont le but est au contraire de les attirer dans son intérieur, s'y oppose formellement. Elle fut inventée par les chimistes pour corroborer les moyens de fraude employés dans les expériences exécutées par eux; vous les trouverez tout expliqués dans un ouvrage intitulé *Ateliers insalubres*, dont nous

aurons l'honneur de vous remettre un exemplaire.
Nous nous bornerons à dire qu'après l'expertise de
1828, nous supprimâmes les arbres constatés par
les agronomes être morts, et ceux dont les branches étaient desséchées, ou qui, ne poussant plus
que des feuilles jaunâtres ou d'un vert grisâtre, annonçaient un état de souffrance et de maladie. Aujourd'hui cet état est encore pire, il n'y a pas un seul
arbre sur nos propriétés qui ne soit plus ou moins
attaqué par les gaz.

Ce considéré, et attendu qu'aux termes de l'article 3 du titre premier du Code de procédure
civile, tout dommage causé par autrui et fait aux
champs, fruits et récoltes, est de la compétence
des justices de paix, les exposans requièrent :

Qu'il vous plaise, Monsieur, ordonner qu'assisté
d'un ou deux experts agronomes qu'il vous plaira
nommer, vous vous transportiez sur nos propriétés, à l'effet de constater l'état de nos arbres, fruits
et récolte, et le dommage causé par les émanations
de l'atelier de Lebel et de la veuve Lallemant et fils,
en comparant notre végétation avec celle des propriétés voisines ayant même qualité de terre, dont
du tout il sera dressé procès-verbal, serment préa-
lablement prêté entre vos mains par lesdits experts,
lors duquel les parties pourront faire tels dires et
réquisitions que bon leur semblera, et sous la ré-

serve, après ledit rapport, de prendre devant vous
telles conclusions que bon vous avisera; et vous fe-
rez justice.

PARIS.